Inhalt

Die Vermarktung der Fußball-WM 2006 - vielfältige Strategien

Kernthesen

Beitrag

Fallbeispiele

Weiterführende Literatur

Impressum

Die Vermarktung der Fußball-WM 2006 - vielfältige Strategien

S.Sydow

Kernthesen

- Die Fußball-Weltmeisterschaft ist nicht nur ein großes sportliches Ereignis, sondern auch für die Wirtschaft von großer Bedeutung. Es wurden insgesamt Investitionen von etwa 6,5 Milliarden Euro getätigt. (1), (2), (3)
- Wichtigster Wirtschaftsfaktor im Rahmen der WM ist das Sponsoring. 21 internationale und nationale Sponsoren werben für ihre Produkte und Dienstleistungen im Zusammenhang mit den Fußball-Spielen. Ihr Werbevolumen

beträgt ca. 700 Millionen Euro. (1), (2), (6), (7), (8)
- Die Sponsoren verfolgen damit vor allem strategische Ziele: Eine Steigerung des Bekanntheitsgrades, Imageverbesserung und langfristigen Umsatzzuwachs. (1), (2), (6), (7), (8)
- Volkswirtschaftlich gesehen, führt die WM zu einer Verbesserung des Konsumklimas und damit zu einer Förderung des Wirtschaftswachstums. (2)

Beitrag

Die Fußball-Weltmeisterschaft findet 2006 in Deutschland statt. Dafür wurden ca. 6,5 Milliarden Euro in die Infrastruktur und die Stadien von Seiten des Staats und der Privatwirtschaft investiert. Die 21 offiziellen WM-Sponsoren zahlten fast 700 Millionen Euro, um im Rahmen der Weltmeisterschaft werben zu können. Dieses Großereignis, das 64 Spiele von Teams aus 32 Nationen umfasst, hat sich mittlerweile zu einem bedeutenden Wirtschaftsfaktor entwickelt. (1), (2), (3)

Interesse der Sponsoren

Die 15 internationalen Sponsoren der Fußball-WM zahlten jeweils 40 Millionen Euro und die sechs nationalen jeweils ca. 10 Millionen Euro für ihre Sponsoren-Rechte. Demzufolge versprechen sich diese Unternehmen sehr große Werbeeffekte aus ihren beachtlichen Investitionen. Untersuchungen zufolge wird das Sponsoring auf einem sportlichen Großereignis vom Zuschauer nicht als störend empfunden. Ganz im Gegenteil werden die Werbenden als Unterstützer des Sports angesehen, die dieses Ereignis erst stattfinden lassen. Der Betrachter verknüpft seine positive Haltung gegenüber dem sportlichen Großereignis mit dem werbenden Unternehmen, was ihn zu einer positiven Einstellung gegenüber deren Produkte oder Dienstleistungen bringen lässt. Die Sponsoren können somit sicherlich nach der Fußball-WM mit einer Imageverbesserung und einem erhöhten Bekanntheitsgrad ihrer Produkte rechnen und ihre hohen Investitionen amortisieren. Die Messung des Kölner Instituts Sport + Markt bestätigt den Erfolg der Fußball-WM-Partner: Der Bekanntheitsgrad der Marken ist in den letzten drei Jahren durchschnittlich von 32 auf 44 Prozent gestiegen bei den erfolgreichsten Unternehmen sogar auf 76 Prozent. Die Produkte werden vom Konsumenten bei der Kaufentscheidung bevorzugt, da sie als sympathisch im Gedächtnis behalten worden sind. Diese Erfolge wirken sich auch auf die Aktienkurse von Sport-

Sponsoren aus. Die Frankfurt Trust untersuchte hierzu den Börsenwert aller nationalen und internationalen Sponsoren von Fußball-Europameisterschaften und Weltmeisterschaften sowie der Olympischen Winter- und Sommerspiele seit Mitte 1997. Das Portefeuille dieser Sportsponsoren legte im Durchschnitt um 9,3 Prozent pro Jahr zu. (1), (2)

Auswirkungen auf die Wirtschaft

Die Hauptprofiteure der Weltmeisterschaft sind das Hotel- und Gaststättengewerbe, die Medien, der Transport- und Logistiksektor, der Einzelhandel sowie Sportartikelhersteller. Das Hotel- und Gastgewerbe kann schätzungsweise mit einem Umsatzplus von 1,7 Prozent (ca. drei Milliarden Euro) rechnen. Makroökonomisch betrachtet, wird die Fußball-WM jedoch kein enormes Wachstum der deutschen Volkswirtschaft herbeiführen. Nach wirtschaftswissenschaftlichen Analysen kann die WM im besten Fall einen Zuwachs von 0,3 Prozent bewirken. Doch die Analysten spekulieren auf eine langfristige Verbesserung des Konsumklimas durch dieses Sportereignis. Fußball als Volkssport soll die Emotionen der Deutschen beflügeln und sie aus ihrer Lethargie und Kaufunlust herausführen. Nach einer

Studie der Gesellschaft für Konsumforschung verbesserte sich das Konsumklima alleine schon im Mai, im WM-Vorfeld, auf 5,5 ein Wert, der seit November 2001 nicht mehr erreicht worden ist. Wenn dieser Wachstumstrend anhalte, dann könnte sich langfristig gesehen die Binnenkonjunktur Deutschlands verbessern, was einen Aufschwung der Volkswirtschaft nach sich ziehen würde. (2)

Zweifel an der Existenz der Marketingrechte

Die Marketingrechte der WM sind juristisch gesehen unklar. Das Bürgerliche Gesetzbuch (BGB) enthält keine dezidierten Vorschriften über Sponsoringrecht oder Print-Recht. Jedoch aufgrund der Bedürfnisse des Marktes ist an die Stelle von (fehlenden) Exklusivitätsrechte eine faktische Exklusivität getreten. Die Marketingbranche muss ein solches Großereignis langfristig vorplanen und bedarf gewisser Regelungen. Juristische Auseinandersetzungen um die Werthaltigkeit von Marketingrechten sind schon aus Zeitgründen zu aufwendig und unsicher. Deswegen werden aus wirtschaftlichen Gründen die Vorgaben der FIFA von den beteiligten Wirtschaftskreisen akzeptiert. (3)

Fallbeispiele

MasterCard ist einer der 15 Hauptsponsoren der Fußball-Weltmeisterschaft 2006. Das Unternehmen verfolgt dabei eine gelungene Marketingstrategie: MasterCard ermöglicht nicht nur eine unkomplizierte Bezahlung weltweit, sondern es verwirklicht auch durch ihr Sponsoring die unbezahlbaren Momente, wie die Freude und Begeisterung der internationalen Fußballfans über die Weltmeisterschaft. Diese Werbekampagne läuft in 105 Ländern in 48 Sprachen, was für MasterCard zu einer weltweiten Steigerung ihres Bekanntheitsgrades und zu einem Umsatzzuwachs von 11,9 Prozent führte. (6)

Adidas schloss 2005 einen Exklusivvertrag mit dem Weltfußball-Verband FIFA bis 2014. Das bedeutet, dass Adidas Sponsor der Weltmeisterschaften 2006, 2010 und 2014 ist. Adidas zählt als Weltmarktführer im Fußballgeschäft: 2006 erhöhte sich der Umsatz mit Fußballprodukten auf mehr als 1,2 Milliarden Euro, was mehr als 10 Prozent des gesamten Umsatzes von Adidas ausmacht. Grund dafür ist nicht nur die Weltmeisterschaft 2006 im eigenen Land, sondern auch eine stetige Innovation der Marketingstrategie.

Kein Unternehmen konnte in den letzten zwei Jahren soviele Preise und Auszeichnungen für die Werbung verzeichnen wie Adidas. (7)

Mercedes Benz ist seit vielen Jahren Partner des Deutschen Fußball-Bundes (DFB). Das Unternehmen kann sein Markenimage, das hauptsächlich für Qualität, Zuverlässigkeit, Innovation und Faszination steht, in dieser Kooperation ausdrücken. Mercedes Benz achtet besonders bei seiner Vermarktungsstrategie auf langfristige Aktivitäten, die regelmäßig stattfinden und eine Vielzahl an Kunden anspricht. Entsprechend ihrer breiten Produktpalette vom Pkw bis zum Transporter sieht das Unternehmen im Fußball, der als Volkssport eine breite Bevölkerungsschicht anspricht, den richtigen Werbeträger. Bei der Fußball-WM zählt Mercedes Benz jedoch nicht zu den Hauptsponsoren, sondern ist Generalsponsor der deutschen Nationalmannschaft. (8)

Der staatliche Sportwetten-Anbieter Oddset übermittelt seine Werbeflächen bei der WM 2006 den SOS-Kinderdörfern. Oddset zählt zu den sechs nationalen Sponsoren der Fußball-WM und hätte deswegen ein Anrecht auf Bandenwerbung. Doch aufgrund seiner Monopolstellung muss Oddset nach einem Urteil des Bundesverfassungsgerichts vom 28. März 2006 auf diese Art der Werbung verzichten und

stellt sie deshalb einem guten Zweck zur Verfügung.
(9)

Weiterführende Literatur

(1) Sponsoren-Aktien schneiden besser ab Mit populären Ereignissen verknüpfter Unternehmensname löst positive Verbindungen beim Betrachter aus
aus Börsen-Zeitung, 27.05.2006, Nummer 101, Seite B4

(2) Das "runde Leder" vertreibt hartnäckigen Pessimismus Zu erwartender Stimmungsimpuls kommt zu einem konjunkturell günstigen Zeitpunkt - Konsumklima verbessert sich im WM-Vorfeld
aus Börsen-Zeitung, 27.05.2006, Nummer 101, Seite B2

(3) Bei WM-Vermarktung entstehen Werte, wo vorher keine waren Einhalten vermeintlicher Grenzen stellt sich für viele vernünftiger dar als der einsame Kampf David gegen Goliath
aus Börsen-Zeitung, 27.05.2006, Nummer 101, Seite B9

(4) Außenwerber Ströer strebt an die Börse
aus Handelsblatt Nr. 103 vom 30.05.06 Seite 20

(5) Der Wert der WM: 3 Euro pro Kopf
aus Frankfurter Allgemeine Sonntagszeitung, 28.05.2006, Nr. 21, S. 72

(6) Fußball-Engagement wirkt sich positiv aus

Kartenanbieter schlägt Brücke zwischen Sport als völkerverbindendem Element und Kartenzahlungen
aus Börsen-Zeitung, 27.05.2006, Nummer 101, Seite B2

(7) WM-Spektakel pusht nicht nur das Fußballgeschäft Markenpflege, Innovationsmanagement und Reduzierung konjunktureller Gefahren sind wesentlich für den Erfolg
aus Börsen-Zeitung, 27.05.2006, Nummer 101, Seite B10

(8) Eine außergewöhnliche Partnerschaft im Sport
Seit mehr als 30 Jahren engagiert sich die älteste und auch wertvollste automobile Premiummarke der Welt beim Deutschen Fußball-Bund
aus Börsen-Zeitung, 27.05.2006, Nummer 101, Seite B6

(9) Oddset gibt Werbebanden an Kinderdörfer
aus Handelsblatt Nr. 103 vom 30.05.06 Seite 21

Impressum

Die Vermarktung der Fußball-WM 2006 - vielfältige Strategien

Bibliografische Information der deutschen Nationalbibliothek

Die Deutsche Nationalbibliothek verzeichnet diese Publikation in der deutschen Nationalbibliografie; detaillierte bibliografische Daten sind im Internet über http://dnb.d-nb.de abrufbar.

ISBN: 978-3-7379-1216-7

© 2015 GBI-Genios Deutsche Wirtschaftsdatenbank GmbH, Freischützstraße 96, 81927 München, www.genios.de

Alle Rechte vorbehalten. Dieses Werk ist einschließlich aller seiner Teile – z.B. Texte, Tabellen und Grafiken - urheberrechtlich geschützt. Jede Verwertung außerhalb der Grenzen des Urheberrechtsgesetzes bedarf der vorherigen Zustimmung des Verlags. Dies gilt insbesondere auch für auszugsweise Nachdrucke, fotomechanische Vervielfältigungen (Fotokopie/Mikroskopie), Übersetzungen, Auswertungen durch Datenbanken oder ähnliche Einrichtungen und die Einspeicherung und Verarbeitung in elektronischen Systemen.